KurzCHECK

Sprachliche Entwicklung von Kindern

von Olaf Görisch

4., durchgesehene Auflage

Handwerk und Technik – Hamburg

Vorwort

Die Sprache gleicht dem im Stein schlummernden Feuerfunken.
Ehe man gelernt hatte, ihn hervorzulocken, schien sein Dasein
nur durch ein Wunder erklärlich. Einmal entzündet, pflanzte er sich
mit unglaublicher Leichtigkeit fort.

(Wilhelm von Humboldt, 1767 – 1835)

Dieser Kurz-Check veranschaulicht den Verlauf der normalen kindlichen Sprachentwicklung mit ihren wesentlichen Merkmalen von der Geburt bis zum 6. Lebensjahr. Er ist somit eine praxistaugliche Hilfe für die Fachkraft und für Eltern, um Rückschlüsse auf die altersgerechte sprachliche Entwicklung eines Kindes zu ziehen.
Die Altersangaben stellen dabei keine verbindliche Norm, sondern lediglich eine Richtlinie dar. Der tatsächliche Entwicklungsstand kann individuell variieren.

Der Autor

Inhalt

Vorsprachliche Entwicklung I
Das Vorsilbenalter (0 bis 6 Monate)

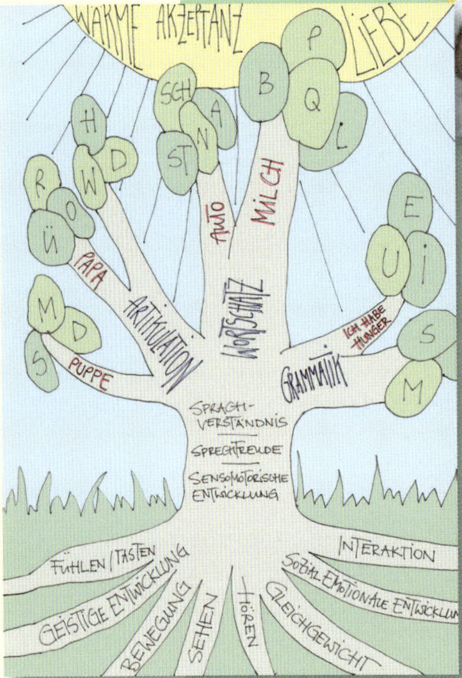

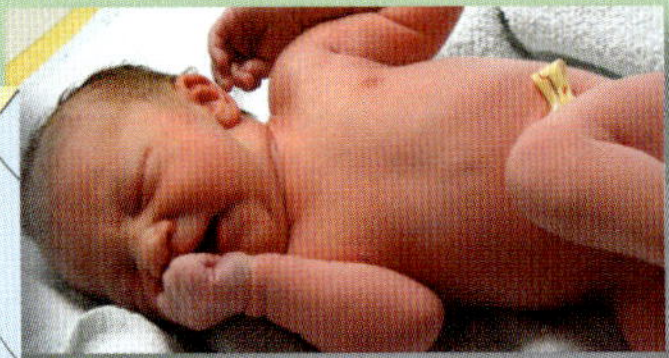

Alter bis einen Monat

Allgemeine Merkmale / kommunikative Fähigkeiten

Durch das Abtrennen der Nabelschnur kommt es beim Neugeborenen zu akutem Sauerstoffmangel. Dadurch wird im Atemzentrum ein Reflex ausgelöst (reflektorischer Stimmlippenschluss), der den **primären Schrei** zur Folge hat: Das Kind gibt die ersten Laute von sich.
Das Kind äußert seine Bedürfnisse (z. B. Hunger, Schlaf) durch Schreien und Mimik. Auf diese Weise kommuniziert es mit den Eltern und löst entsprechende Effekte aus.

Sprachverständnis

Laute der Muttersprache werden denen anderer Sprachen vorgezogen.
Das Kind reagiert auf laute Geräusche (durch Armbewegung, Beinbewegung, Mimik).

Artikulation

Noch nicht relevant.

Wortschatz

Noch nicht relevant.

Grammatik

Noch nicht relevant.

Sprachförderung

Wichtig ist der sprachliche Kontakt, da der Säugling bereits von Geburt an Sprache registriert. Des Weiteren können die Eltern ihre Handlungen (z. B. Wickeln, Füttern, Streicheln), Emotionen („Ich habe dich lieb“) oder auch alltägliche Dinge („Heute scheint die Sonne“) mit Worten begleiten.

Anzeichen für Verzögerungen / Störungen

Wenn keine Reaktion auf laute Geräusche erfolgt, kann das Kind eventuell nicht richtig hören.

Alter bis 2 Monate

Allgemeine Merkmale / kommunikative Fähigkeiten
Das Baby beginnt zu quietschen und zu gurren.
Es erwidert das Lächeln einer vertrauten Person.

Sprachverständnis
Ein erster Austausch findet statt: Wird das Kind angesprochen, reagiert es darauf mit Lautäußerungen.

Artikulation
Gurrlaute wie „grrr" werden erzeugt.

Wortschatz
Noch nicht relevant.

Grammatik
Noch nicht relevant.

Sprachförderung
Wie zuvor erwähnt.

Anzeichen für Verzögerungen / Störungen
Jetzt kann man gezielt überprüfen, ob der Säugling schreckhafte Reaktionen auf laute Geräusche zeigt. Falls nicht, könnte eine Hörstörung vorliegen.

Alter bis 3 Monate

Allgemeine Merkmale / kommunikative Fähigkeiten

Die **erste Phase des Lallens** beginnt. Das Spektrum der gelallten Laute ist unabhängig von der Muttersprache (d.h. „international"), wird aber im Laufe der weiteren Entwicklung an diese angeglichen.
Das Baby artikuliert seine jeweiligen Bedürfnisse nun durch unterschiedliche Schreie.
Beginn des Lippenlesens: Lippenbewegungen werden mit Vokalen in Zusammenhang gebracht.

Sprachverständnis

Wie zuvor erwähnt.

Artikulation

Bildung von Lall-, Gurgel- und Sprudellauten. Motivation sind dabei für das Kind angenehme taktile Reize im Mundraum.

Wortschatz

Noch nicht relevant.

Grammatik

Noch nicht relevant.

Sprachförderung

Wie zuvor erwähnt.

Anzeichen für Verzögerungen / Störungen

Wie zuvor erwähnt.

Alter bis 4 Monate

Allgemeine Merkmale / kommunikative Fähigkeiten

Die Sprechorgane werden ausgiebig erprobt, im Allgemeinen aus Experimentierfreude und als Ausdruck des Wohlbehagens.
Das Baby äußert seine Bedürfnisse aber auch seinen Unmut differenzierter, z. B. durch Schreien, Wegdrehen oder indem es den Blickkontakt abbricht.
Das erste bewusste Lächeln erfolgt.
Dialogähnliche Interaktionen zwischen dem Kind und anderen Personen finden statt.

Sprachverständnis

Das Kind unterscheidet über Stimmklang und Satzmelodie freundliche oder ärgerliche Stimmen und reagiert unterschiedlich darauf.

Artikulation

Geräusche unterschiedlichster Art (z. B. Quietschen, Brummen Juchzen) sowie Gurrlaute (z. B. „ngä", „ngrr") werden erzeugt. Dies trifft auch für gehörlose Kinder zu.
Dem Kind vorgesprochene Vokale werden lallend nachgeahmt.

Wortschatz

Noch nicht relevant.

Grammatik

Noch nicht relevant.

Sprachförderung

Lieder, Kinderreime und Fingerspiele sind durch ihre Melodik, die Versform und häufigen Wiederholungen besonders dazu geeignet, den Sprachablauf zu verdeutlichen und damit die Sprachentwicklung zu unterstützen.

Anzeichen für Verzögerungen / Störungen

Die Reaktion des Babys auf Geräusche schließt nun mit ein, dass es aktiv mit den Augen nach der Schallquelle sucht. Dies stellt ein Indiz für die Hörfähigkeit dar.

Alter bis 5 Monate

Allgemeine Merkmale / kommunikative Fähigkeiten
Wird es angesprochen oder hört es Geräusche, dreht das Kind den Kopf in Richtung der Schallquelle und versucht Blickkontakt aufzunehmen.

Sprachverständnis
Wie zuvor erwähnt.

Artikulation
Bildung von Schmatz-, Zisch- und Vokallauten sowie ersten Silben.
Die Laute werden denen der Muttersprache immer ähnlicher, die sogenannte „Internationalität" verschwindet langsam.

Wortschatz
Noch nicht relevant.

Grammatik
Noch nicht relevant.

Sprachförderung
Wie zuvor erwähnt.

Anzeichen für Verzögerungen / Störungen
Wenn keine entsprechende Reaktion auf Geräusche erfolgt (Schallquelle suchen, Kopf drehen, Aufnahme von Blickkontakt), dann sollte der Kinderarzt/die Kinderärztin darüber informiert werden.

Alter bis 6 Monate

Allgemeine Merkmale / kommunikative Fähigkeiten

Das Kind bildet unterschiedliche Laute.
Es kommuniziert auch durch Lächeln und Lachen.
Es erprobt zunehmend unterschiedliche Tonhöhen und Betonungen.

Sprachverständnis

Laute aus fremden Sprachen werden deutlich von denen der Muttersprache unterschieden.

Artikulation

Das Kind experimentiert weiter mit seinem Artikulations- und Stimmapparat. Dabei werden Laute und Konsonantenverbindungen in allen Artikulationszonen erzeugt wie „kr, gr-gr, ech-ech“.

Wortschatz

Noch nicht relevant.

Grammatik

Noch nicht relevant.

Sprachförderung

Wie zuvor erwähnt.

Anzeichen für Verzögerungen / Störungen

Bereits zu diesem Zeitpunkt können Sprachentwicklungsverzögerungen erkannt werden, die sich bemerkbar machen durch

- die verringerte Bildung von Lautverbindungen und
- den Gebrauch von weniger unterschiedlichen Konsonanten.

Vorsprachliche Entwicklung II
Das Silbenalter (7 bis 12 Monate)

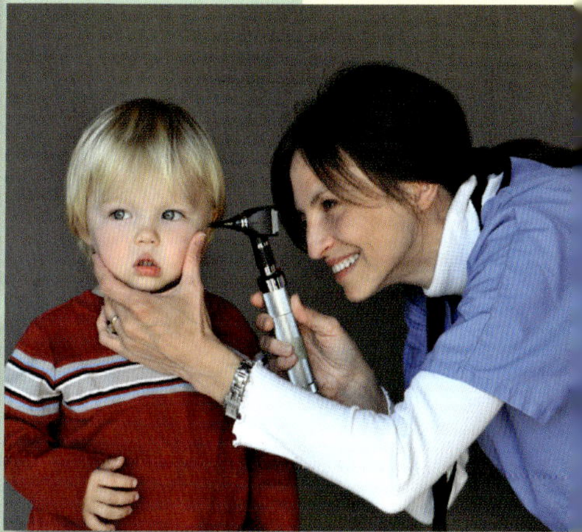

Alter bis 7 Monate

Allgemeine Merkmale / kommunikative Fähigkeiten

Die **zweite Phase des Lallens** beginnt (kanonisches Lallen).
Im Gegensatz zur ersten Phase wird die Lautbildung nun durch die akustische Wahrnehmung des Kindes gesteuert, wodurch die Laute an die Muttersprache angepasst werden.

Sprachverständnis

Das Kind reagiert jetzt, wenn es bei seinem Namen gerufen wird.

Artikulation

In dieser Phase werden Konsonant-Vokal-Folgen verdoppelt (z. B. „baba“, „dada“) und zu Silbenverbindungen aneinandergereiht (z. B. „dadada“, „gagaga“).

Wortschatz

Noch nicht relevant.

Grammatik

Noch nicht relevant.

Sprachförderung

Verbale Anreize aus der Umgebung des Kindes sind jetzt für die Sprachentwicklung besonders wichtig, da sie im Gegensatz zu den taktilen Reizen der ersten Lallphase die Motivation für Lautäußerungen darstellen.
Ein für das Kind besonders schönes Erlebnis ist es, wenn man mit ihm ab und an in „Babysprache“ kommuniziert.

Anzeichen für Verzögerungen / Störungen

Nimmt das Kind weder akustische Reize aus der Umwelt noch seine eigenen Lautäußerungen wahr, so bleibt in diesem Alter das Lallen aus bzw. entwickelt sich nicht weiter (keine Silbenbildung/keine Silbenverbindungen). In diesem Fall besteht der Verdacht einer Hörstörung und eine dahingehende ärztliche Überprüfung ist notwendig.

Alter bis 8 Monate

Allgemeine Merkmale / kommunikative Fähigkeiten
Wie zuvor erwähnt.

Sprachverständnis
Wie zuvor erwähnt.

Artikulation
Wie zuvor erwähnt.

Wortschatz
Noch nicht relevant.

Grammatik
Das Kind entwickelt ein Gespür für einfache grammatische Strukturen: So werden Sätze mit sinnvollen Sprachpausen denen mit unsinnigen vorgezogen.

Sprachförderung
Wie zuvor erwähnt.

Anzeichen für Verzögerungen / Störungen
Wie zuvor erwähnt.

Alter bis 9 Monate

Allgemeine Merkmale / kommunikative Fähigkeiten

Das Brabbeln des Babys lässt sich jetzt schon als Sprachversuch identifizieren. Die gebildeten Laute sind hörbar denen der Muttersprache zuzuordnen.

Sprachverständnis

Die Bedeutung des Wortes „Nein“ wird begriffen.

Artikulation

Wie zuvor erwähnt.

Wortschatz

Noch nicht relevant.

Grammatik

Wie zuvor erwähnt.

Sprachförderung

Wie zuvor erwähnt.

Anzeichen für Verzögerungen / Störungen

Hört das Kind in diesem Alter auf, zu lallen und Laute zu bilden, könnte es daran liegen, dass es die dafür nötigen Anreize aus der Umwelt nicht wahrnimmt. Der Grund kann ein Hörproblem sein. Allerdings könnten auch Probleme bei der Lautbildung bzw. eine Sprachentwicklungsstörung (SES) vorliegen. Zur Abklärung der Ursachen ist fachärztlicher Rat einzuholen.

Alter bis 10 Monate

Allgemeine Merkmale / kommunikative Fähigkeiten

Zunehmende Entwicklung des Wortverständnisses.
Zusätzlich kommuniziert das Kind durch vielerlei **Gesten** mit seiner Umwelt.

Sprachverständnis

Das Kind beginnt, erste Bezeichnungen von Gegenständen und Namen von Bezugspersonen zu verstehen. Wird eine solche Bezeichnung verwandt, sucht es durch Drehen des Kopfes danach („Wo ist das Auto?" „Wo ist Papa?").
Einfache Aufforderungen im entsprechenden Kontext wie „Gib mir ..." „Zeig mir ..." werden befolgt.

Artikulation

Wie zuvor erwähnt.

Wortschatz

Durch einfache Verdopplung von Silben entstehen **erste Worte** wie „Mama" und „Papa". Die meist euphorische Reaktion der Eltern führt zu Wiederholungen und zum Begreifen des Zusammenhangs zwischen Wort und Person.

Grammatik

Wie zuvor erwähnt.

Sprachförderung

Wie zuvor erwähnt.

Anzeichen für Verzögerungen / Störungen

Wie zuvor erwähnt.

Alter bis 11 Monate

Allgemeine Merkmale / kommunikative Fähigkeiten

Das Kind versucht jetzt vermehrt, vorgesprochene Wörter nachzuahmen, insbesondere wenn es durch Lob dazu ermuntert wird.

Sprachverständnis

Wie zuvor erwähnt.

Artikulation

Das Lallen verstärkt sich, wobei eine Vielzahl von Lauten produziert wird.

Wortschatz

Wie zuvor erwähnt.

Grammatik

Wie zuvor erwähnt.

Sprachförderung

Durch Lob und Zeigen von Freude über neue „Spracherfolge" wird das Kind zu weiteren Versuchen angeregt.

Anzeichen für Verzögerungen / Störungen

Wie zuvor erwähnt.

Alter bis 12 Monate

Allgemeine Merkmale / kommunikative Fähigkeiten

Die sogenannte vorsprachliche Entwicklung ist nun **abgeschlossen**.
Das Kind lallt nun lang anhaltend und mit großer Begeisterung („**Lallmonologe**").
Sein Wunsch, sich der Umwelt mitzuteilen, nimmt stetig zu und es beginnt, die ersten klaren Wörter zu sprechen.
Der Lautbestand ist mittlerweile komplett an die Muttersprache angeglichen.

Sprachverständnis

Das Verstehen von Wörtern und einfachen Sätzen nimmt rasant zu.

Artikulation

Es werden jetzt produziert:
- Lautketten mit unterschiedlichen Konsonanten und mehreren Silben, z. B. „maba" (variables Lallen),
- längere Silbenketten, z. B. „lalaaa-papa-brrr-atta-guguu"

Bei Wortversuchen treten verschiedene Vereinfachungsprozesse auf, die für dieses Alter typisch sind:
- Silbenverdopplungen, z. B. Ball ⇨ „Baba"
- Auslassung unbetonter Silben, z. B. Banane ⇨ „Nane"
- Lautauslassungen, vor allem finaler Konsonanten, z. B. Löffel ⇨ „Löffe"
- Vereinfachung von Konsonantenverbindungen, z. B. Brot ⇨ „Bot"
- Lautersetzungen, vor allem von Frikativen (Reibelaut, Engelaut wie f, s, v, z) z. B. Schuh ⇨ „Tu"[1)]

Wortschatz

Wörter wie „Mama", „Papa", „nein" oder „wau-wau" gehören zum Repertoire und werden klar ausgesprochen.

[1)] Deutscher Bundesverband für Logopädie e.V.

Grammatik
Wie zuvor erwähnt.

Sprachförderung
Zeigt man auf jene Äußerungen des Kindes, die wie ein Wort klingen, positive Reaktionen, so wird es diese Laute immer wieder sagen, um die positive Rückmeldung abermals zu erhalten. Zusätzlich kann man das Gesagte korrekt wiederholen und das Kind loben. Dadurch lernt es in der kommenden Zeit viele neue Wörter und Sinnzusammenhänge (z. B. Mama = Person).

Anzeichen für Verzögerungen / Störungen
Wie zuvor erwähnt.

Sprachliche Entwicklung (12 Monate bis 6 Jahre)

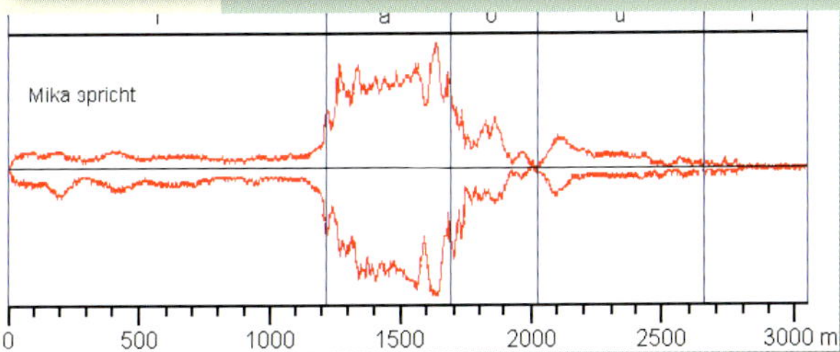

Alter 12 bis 18 Monate

Allgemeine Merkmale / kommunikative Fähigkeiten

Der Wortschatz des Kindes nimmt stetig zu und es zeigt großes Interesse für die Sprache der Erwachsenen.

Sprachverständnis

Besseres Wortverständnis durch Anwendung der **Schlüsselwortstrategie**: Dabei interpretiert das Kind die Mimik und Gestik, welche das Gesagte begleiten.
So versteht es z. B. Verbote „Lass das Glas stehen!", obwohl es das Wort „Glas" eventuell gar nicht kennt. Wird aber gleichzeitig auf das Gefäß gezeigt, kann das Kind den Zusammenhang herstellen. Auf diese Weise versteht es auch simple Fragen immer besser und bringt Dinge herbei, die auf solche Art bezeichnet werden.

Artikulation

Beim Versuch, neue Wörter zu erzeugen, werden die entsprechenden Laute nun zielgerichtet gebildet (im Gegensatz zum davor verwandten Zufallsprinzip).
Die Laute „p, b, m, n" sowie die Vokale werden mittlerweile beherrscht.

Wortschatz

Das Vokabular umfasst bis zu 20 Wörter, z. T. in Kindersprache („Balla", „Wau-Wau", "Hamm-Hamm", „Mucki").

Grammatik

Bildung sogenannter **Einwortsätze**: „Auto" kann z. B. bedeuten „Da ist ein Auto." Die Bedeutung kann je nach Situation, Gesichtsausdruck und Betonung variieren (z. B. fragend „Auto?" = „Fahren wir mit dem Auto?" oder fordernd „Auto!" = „Ich will unbedingt im Auto sitzen!").
Es werden hauptsächlich Substantive und nur wenige Verben in ungebeugter Form verwendet. Adjektive, Adverbien, Präpositionen, Konjunktionen und Artikel (bis auf „das", um auf etwas zu zeigen) tauchen dabei i. d. R. noch nicht auf.

Sprachförderung

Es ist hilfreich, auf die Einwortsätze des Kindes einzugehen und diese so umzuformen, dass kleine Sätze entstehen. Diese können dann wiederholt werden, wodurch das Kind das Kombinieren von Wörtern erlernt (z. B. „Auto?" = „Ja, das ist unser Auto. Willst du dich hineinsetzen?").
Auf diese Weise kann man einerseits sicherstellen, das Kind richtig verstanden zu haben, und ihm andererseits zeigen, dass man zuhört und seine Sprechbemühungen lohnend sind. Dadurch wird das Kind motiviert, sich weiterhin verbal zu äußern.

Anzeichen für Verzögerungen / Störungen

Bei den Lautbildungen des Kindes sollten bis zum 18. Lebensmonat stetige Fortschritte erkennbar sein. Zudem sollte es zwischen 2 und 10 Wörter benutzen, die eine Sache oder einen Gegenstand konkret bezeichnen. Dazu zählen auch Wörter der Kindersprache (z. B. „Wau Wau" für Hund). Zudem sollte es einfache Fragen bzw. Aufforderungen verstehen („Wo ist der Ball?", „Bring mir die Puppe.").
Ist dies nicht der Fall, sollte zur Abklärung ein Kinderarzt/eine Kinderärztin oder eine logopädische Fachkraft hinzugezogen werden.

Alter bis 24 Monate / 2 Jahre

Allgemeine Merkmale / kommunikative Fähigkeiten

Das „**erste Fragealter**" beginnt (siehe unter Grammatik).
Die sogenannte „**Wortschatzexplosion**" setzt ein (siehe unter Wortschatz).

Sprachverständnis

Der passive Wortschatz (Verstehen) ist der aktiven Produktion (Sprechen) weit voraus.

Artikulation

Kennzeichnend sind in diesem Alter:

- die Bildung vorderer Plosive (Explosivlaute) und Nasale (bei denen die Luft z. T. durch die Nase entweicht), z. B. „m, b, p, d, t, n, l".
- das Sprechen einiger Frikative (Reibelaute) und hinterer Laute, z. B. „f, w, g, k".

Die Artikulation kann möglicherweise noch undeutlich und nur für Bezugspersonen verständlich sein.
Eventuell treten alterstypische Vereinfachungen (siehe unter „Alter bis 12 Monate – Artikulation") und Fehlbildung des s-Lautes auf.

Wortschatz

Der passive Wortschatz umfasst jetzt ca. 200 Wörter.
Zum aktiven Wortschatz gehören zunächst 20 – 50 Wörter, ab Erreichen der 50-Wörter-Schranke nimmt er explosionsartig zu.
Das Repertoire besteht vor allem aus Substantiven (umfeldbezogen, z. B. Spielsachen, Körperteile), Funktionswörtern („mehr", „auch") und einigen Verben (z. B. „aufmachen").

Grammatik

Bildung von Sätzen aus zwei Wörtern in Infinitivform (**Zweiwortsätze**), also ungebeugt („Auto haben“).
Neben Substantiven finden nun auch Adjektive und Possessivpronomen („mein“) Verwendung.
Plural wird durch einfaches s-Anhängen gebildet.
Simple Negationen („nicht haben“) treten auf.
Das „**erste Fragealter**“ mittels aufsteigender Tongebung („Puppi weg?“, „Auto zu?“) beginnt.

Sprachförderung

Um Dinge näher zu beschreiben, können Bezugspersonen jetzt vermehrt Adjektive verwenden. Wenn das Kind dabei eine Verbindung zu vertrauten Objekten herstellen kann („lieber Hund“, „schönes Kleid“), so wird es sich diese Wörter schnell einprägen.

Anzeichen für Verzögerungen / Störungen

Von einer Sprachentwicklungsverzögerung oder -störung ist auszugehen, wenn das Kind gegen Ende des 2. Lebensjahres nicht wenigstens 10 sinnbezogene Wörter benutzt oder/und wenn es nur unverständliche Lautkonstruktionen von sich gibt.
Es ist zwar möglich, dass lediglich der Wortschatz begrenzt ist und sich Sprachverständnis, Grammatik und Artikulation relativ normal heranbilden können, jedoch ist auf jeden Fall professionelle Hilfe angezeigt.

Alter bis 3 Jahre

Allgemeine Merkmale / kommunikative Fähigkeiten

Das „**zweite Fragealter**“ beginnt („wo, wer, was, wann, womit, warum“). Diese Fragen dienen vornehmlich der Wissenserweiterung.
Das Kind kann einige Farben korrekt bezeichnen.
Reime und Lieder bereiten ihm zunehmend Freude.

Sprachverständnis

Spricht man auf ähnlichem Niveau, versteht das Kind größtenteils, was gesagt wird.
Probleme bereiten noch das Verständnis von
- Gegensätzen (groß – klein),
- feineren Unterscheidungen (groß – größer) sowie von
- Fremdwörtern und komplexen Sätzen.

Kombinierte Aufträge („Lege das Buch auf den Tisch.“) und einfache Präpositionen (z. B. „auf“, „unter“) werden verstanden.

Artikulation

Bildung von „k, g, ch, r“
Die Artikulation wird allgemein deutlicher, allerdings bereiten Anlautverbindungen noch Schwierigkeiten („kr, tr, pl, pfl“).
Alle Einzellaute werden richtig ausgesprochen, jedoch sind Auffälligkeiten bei Zischlauten („s, sch, ch“) alterstypisch und völlig normal.
Aus o. g. Gründen verwendet das Kind einige Vereinfachungsprozesse:
- Vereinfachung von Konsonantenverbindungen
- Lautersetzungen vor allem von „sch“ und „ch“, z. B. „Schuh“ = „Su“, „ich“ = „is“
- Lautangleichungen, z. B. „Treppe“ = „Kreppe“, „Drei“ = „Grei“.

Auch Fremde können das Kind mittlerweile recht gut verstehen.

Wortschatz

Das Vokabular vergrößert sich weiterhin rasant: Mit 2,5 Jahren spricht das Kind ca. 450 Wörter.
Dabei gebraucht es nun sowohl
- Verben, Adjektive, Adverbien und Artikel als auch
- erste Präpositionen (z. B. „in", „unter") und
- Personalpronomen (z. B. „ich", „du").

Farben wie Rot, Gelb, Grün, Blau werden richtig benannt.
Mitunter entstehen kuriose Wortneuschöpfungen („Kuchenbacke" = Backofen).

Grammatik

Kennzeichnend für die Grammatik sind:
- Formulierung einfacher, grammatisch korrekter Aussagesätze
- Bildung erster **Nebensätze** mit einfachen Konjunktionen z. B. „und", „weil"
- korrekte Zweitstellung des Verbs, z. B. „Frieda holt Sand."
- erste Deklination von Adjektiven, meist nur zufällig richtig („schönes Blume")
- Nutzung von Hilfsverben zur Bildung der Vergangenheit („Ich habe gespielt")
- **korrekte Fragebildung** mit Umstellung vom Verb („Darf ich spielen?")
- Gebrauch der st-Verbindung („du hast").

Sprachförderung

Die Schaffung sprachfördernder Rahmenbedingungen ist wichtig:
- Umgebung, Abläufe, Materialien und Medien nutzen, die zum Sprechen animieren.
- Situationen für Gespräche anbieten, erkennen und nutzen.
- Offenheit und Verständnis zeigen.
- Spielerisches Üben und Fördern anbieten.
- Sprachentwicklung beobachten und evtl. dokumentieren.

Anzeichen für Verzögerungen / Störungen

Ist die Wortbildung stark eingeschränkt bzw. werden anstelle von Wörtern unverständliche Lautkonstrukte gebildet, so ist keine Sprachentwicklung eingetreten (Alalie). Spätestens jetzt muss das Kind einem Logopäden/einer Logopädin vorgestellt werden. (siehe auch nächste Seite)

Schwierigkeiten bei der Bildung von vielen Lauten, die normalerweise schon beherrscht werden sollten (z. B. „m, p, n, b") deuten auf eine Lautbildungsstörung oder/und eine Sprachentwicklungsverzögerung hin. Unproblematisch sind dagegen die fehlerhafte Bildung von Konsonantenverbindungen am Wortanfang wie „kr, tr" oder „pfl" oder ein Lispeln des Kindes.
Werden selten mehr als 2 Worte hintereinander gesprochen, könnte möglicherweise der Erwerb des grammatischen Regelsystems verzögert sein (Dysgrammatismus).
Davon abgesehen sollten auch eine dauerhaft heisere Stimme oder näselnder Stimmklang Anlass für einen Besuch beim Facharzt sein, um die Ursachen dafür abzuklären.

Alter bis 4 Jahre

Allgemeine Merkmale / kommunikative Fähigkeiten

Das „**zweite Fragealter**" erreicht jetzt seinen Höhepunkt.
Das Kind wird zunehmend kreativ, entwickelt eine Kritzelschrift.
Es singt Lieder und spricht Verse.

Sprachverständnis

Kombinierte Aufträge wie „Zieh die Jacke aus und bringe sie in dein Zimmer" werden nun vom Kind verstanden.

Artikulation

Die Lautbildung ist abgeschlossen: Alle Laute der Muttersprache werden beherrscht und korrekt ausgesprochen. Ausnahme bilden eventuell schwierige Konsonantenverbindungen wie „pfl, kl, dl, kr, tr" sowie Zischlaute.
Entwicklungsbedingte Sprechunflüssigkeiten können in diesem Alter auftreten (Wiederholen von Satzteilen: „Kann ich ... kann ich ... kann ich ein Eis haben?")

Wortschatz

Der Wortbestand nimmt rapide zu, weitere Präpositionen (z. B. „neben", „vor") kommen hinzu.
Farben können nun komplett zugeordnet und benannt werden.
Die Ausdrücke für Gegenstände aus dem täglichen Lebensbereich des Kindes sind bekannt.

Grammatik

Die Satzbildung erfolgt nun schon mittels 5 – 6 Wörtern, Fragen werden grammatisch richtig formuliert.
Im Satzgefüge von Haupt- und Nebensatz wird die Verb-Zweitstellung bzw. -Endstellung beachtet: „Papa war arbeiten und ich bin bei Oma gewesen."
Das Kind hat einen Begriff von Vergangenheit, Gegenwart und Zukunft. Die sprachliche Umsetzung erfolgt teilweise noch nicht korrekt.
Die regelmäßigen Verben hingegen werden größtenteils richtig gebeugt (z. B. „ich darf, du darfst").

Sprachförderung

Wie zuvor erwähnt.

Anzeichen für Verzögerungen / Störungen

Ein Experte sollte hinzugezogen werden, wenn:
- im Alter von 3,5 Jahren noch Schwierigkeiten bei der Artikulation von „t, d, n" auftreten bzw. wenn Laute am Wortbeginn oft durch „h" ersetzt werden
- sich im Alter von 4 Jahren noch fehlerhafte Lautbildung zeigt (mit Ausnahme vom **Lispeln**, das bis zum 6. Lebensjahr nicht mehr vorkommen sollte)
- es Defizite in Grammatik, Wortschatz und Sprachverständnis gibt
- das Kind in unverständlicher Eigensprache (Babysprache) redet
- das Kind überhastet, undeutlich (Poltern) oder überhaupt nicht spricht (Sprechverweigerung = Mutismus)

In diesem Alter beginnt oftmals das **Stottern**. Warnsignale sind das Wiederholen von Lauten und Silben, das Dehnen von Lauten sowie Blockaden von Wörtern oder innerhalb eines Wortes.

Alter bis 5 Jahre

Allgemeine Merkmale / kommunikative Fähigkeiten

Artikulation und Grammatik sind **nahezu fehlerfrei**.
Das Kind kann sich durch längere, zusammenhängende Äußerungen mitteilen.

Sprachverständnis

Das Kind versteht drei Anweisungen und ist in der Lage, diese nacheinander auszuführen („Räume die Spielsachen weg, wasche dir die Hände und komme zum Essen.“)

Artikulation

Das komplette Lautsystem mit Ausnahme des s-Lautes wird vom Kind beherrscht.

Wortschatz

Der Wortbestand umfasst nun bis zu 8 000 Wörter.
Das Kind kann mindestens bis 10 zählen und verwendet abstrakte Bezeichnungen wie „Freude, Trauer“.
Für einige Begriffe werden übergeordnete Klassen benutzt, beispielsweise Tiere, Blumen, Spielzeug (Klasseninklusion).

Grammatik

Bei einigen grammatischen Verbindungen (Fragen und verneinten Sätzen, auch Passivsätzen) können noch vereinzelte Unsicherheiten auftreten.
Die Pluralformen und die korrekten Artikel hingegen werden richtig gebildet und benutzt.
Das Kind ist in der Lage, sich in unterschiedlichen Zeitformen und zusammenhängenden Sätzen auszudrücken.

Sprachförderung

Wie zuvor erwähnt.

Anzeichen für Verzögerungen / Störungen

Mögliche Auffälligkeiten sollten bis zu diesem Alter festgestellt und behandelt worden sein.

Alter bis 6 Jahre

Allgemeine Merkmale / kommunikative Fähigkeiten

Die Sprachentwicklung des Kindes ist am Ende des 6. Lebensjahres im Großen und Ganzen **abgeschlossen**.
Das Kind spricht fließend und größtenteils fehlerfrei.
Es kann telefonieren und muss nicht mehr über seinen Wortgebrauch nachdenken.
Die Regeln der Kommunikation sind bekannt und werden angewandt.
Das Text- und Aufgabenverständnis wird hinsichtlich des bevorstehenden Schuleintritts wichtiger.
Das Kind ist in der Lage, sich über einen Sachverhalt in unterschiedlicher Weise zu äußern sowie den Inhalt einer Geschichte wiederzugeben.

Sprachverständnis

In der alltäglichen – der kindlichen Lebenserfahrung entsprechenden – Kommunikation treten keine Schwierigkeiten auf.

Artikulation

Das Kind sollte bis zu dem Alter von 6 Jahren alle muttersprachlichen Laute einwandfrei bilden können.

Wortschatz

Das Vokabular vergrößert sich stetig und versetzt das Kind in die Lage, sich detailliert auszudrücken.

Grammatik

Mit dem Schuleintrittsalter beherrscht das Kind die Grammatik beinahe korrekt, kann verschiedene Zeit- und Pluralformen anwenden und komplexe Sätze formulieren.
Die Bildung einiger grammatischer Konstruktionen eignet sich das Kind allerdings erst später korrekt an (z. B. das Passiv und den Konjunktiv).

Sprachförderung

Wie zuvor erwähnt.

Anzeichen für Verzögerungen / Störungen

Alle Laute und Lautverbindungen einschließlich der Zischlaute sollte das Kind mit Erreichen der Schulfähigkeit richtig gebrauchen können.
Wenn zu diesem Zeitpunkt noch Schwierigkeiten mit dem „s, sch" oder „ch" auftreten (Zischlautstörung, bekannt als **Lispeln**), sollte eine logopädische Fachkraft hinzugezogen werden.

Verwendete und weiterführende Literatur

Becker, Klaus-Peter/Becker, Ruth (Hrsg.): „Rehabilitative Spracherziehung“ Berlin 1993
Deutscher Bundesverband für Logopädie e.V. (Hrsg.)/Jahn, Tanja: „Die kindliche Sprachentwicklung von der U3 bis zur U9“ (aktuelle Fassung zum Download unter www.dbl-ev.de)
Gopnik, Alison/Kuhl, Patricia/Meltzoff, Andrew: „Forschergeist in Windeln. Wie Ihr Kind die Welt begreift“ München 2007
Hellrung, Uta: „Sprachentwicklung und Sprachförderung“ Freiburg im Breisgau 2012
Paetsch, Martin/Münk, Siegmar: „Stufen der Entwicklung“ GEO Ausgabe 12/2004, Hamburg
Wendlandt, Wolfgang: „Sprachstörungen im Kindesalter“ Stuttgart 2011
www.kinderzentrum.de/logopaedie_entwicklung.php Zentrum für Kinder und Jugendliche e.V., Altötting
www.sprachheilberater.de/Sprachentwicklung.htm#TabelleZurSprachentwicklung Hilfe für das sprachgestörte Kind, Halle

Bildquellenverzeichnis

iStockphoto, Berlin: S. 4/3 (nyul); 11/3 (Yarica)

Görisch, Olaf, Bad Belzig: S. 4/1, 2; 11/1, 2; 19

Ergänzung

In dieser Reihe erhältlich:

„KurzCHECK Motorische Entwicklung von Kindern"
(Bestellnummer 4721)

„KurzCHECK Kognitive Entwicklung von Kindern"
(Bestellnummer 4723)

ISBN 978-3-582-04720-5 Best.-Nr. 4720

Verlag Handwerk und Technik GmbH
Lademannbogen 135, 22339 Hamburg; Postfach 63 05 00, 22331 Hamburg – 2017
E-Mail: info@handwerk-technik.de – Internet: www.handwerk-technik.de

Layout, Gestaltung, Umschlaggestaltung: Nora Schmidt, Bad Belzig / Verlag Handwerk und Technik, Hamburg
Druck: Elbe Druckerei Wittenberg GmbH, 06886 Wittenberg